영어 필사, 마음을 다잡는 논어의 문장들

로그인

머리말

우리는 필사를 왜 하는가. 이 질문을 끝없이 던져본다.

필사는 원본 글을 그대로 옮겨 쓰는 행위이다. 글씨 연습에서 출발했으나 이젠 생각을 가다듬는 고요한 시간을 위한 행위로 진화했다. 때론 공부가 되기도 한다.

그런데 영어 필사라면 이야기가 또 조금 달라진다. 단순히 그대로 옮겨 적는 행위라고 하기에는 뭔가 많이 부족하다. 그렇다면 영어 필사는 어떤 마음과 자세로 임해야 하는가.

영어 문장을 필사하는 일은 우선 원문을 정확히 이해한 후에야 가능하다. 그래야 필사하는 의미가 있다. 그러니 영어 원문을 아주 정확하게 해석하고 해설하는 과정이 필요하다. 책에서 그 부분이 소홀히 다루어져서는 안 된다. 필사자에게도 섬세한 해석과 해설은 매우 소중한 부분이다.

'논어 영어 필사'라. 여느 필사책과는 시작점부터 완전히 다르다. 일단 원문이 영어로 이루어진 글이 아니다. 논어를 영어로 번역해 필사자들이 공자의 지혜를 영어로 되새길 수 있게 한다. 그러니 논어의 문장에서 풍기는 느낌과 감각, 문장 속에 담긴 의미를 자연스럽게 잘 번역한 영어 문장이 필요하다.

중후한 문체, 격을 갖춘 어휘, 논어의 철학을 놓치지 않는 구문…. 모두 논어 영어 필사책이 갖추어야 할 덕목들이다. 그리고 역시 가장 중요한 것은 그에 관한 올바른 해설이다. 이런 조건을 모두 충족한 상태에서 필사해야 영어로 다시 쓴 논어를 온전히 이해할 수 있다. 필사자는 좋은 영어로 옮겨진 논어 문장을 직접 쓰면서 성인의 말로 마음을 정화할 수 있을 뿐만 아니라 영어 감각이 몇 단계 상승하는 효과도 누릴 수 있다.

논어 영어 필사. 어쩌면 우리에게 여러 면에서 매우 귀중한 필사책이 될 수 있다.

저자 오석태

이 책의 활용법

> 1
>
> **Is it not a pleasure to acquire knowledge and periodically put it into practice?**
>
> 배우고 때때로 그것을 익히면 또한 즐겁지 아니한가?
>
> - pleasure는 예의와 품격을 갖춘 세련된 어휘이다. 추상 명사로 쓰일 때는 a가 붙지 않지만 '기쁜 일'을 말할 때는 보통 명사인 a pleasure로 쓴다.
> - to 부정사를 to acquire knowledge처럼 주어로 사용하면 '미래'와 '조건'의 의미를 포함한다. 동사 acquire는 ad-(=toward)+ quire(=to seek) 즉, '추구하는 방향으로 가다'라는 어원적 의미가 있으므로 acquire knowledge는 '지속적인 학습을 통해서 지식을 습득한다'라는 뜻이 된다.
> - 논어에서 말하는 '때때로 그것을 익히다'은 from time to time처럼 불규칙적이고 가끔 일어나는 일을 말하는 것이 아니라 주기적인 배움을 말하므로 periodically라고 표현하는 것이 정확하다.

- 논어의 명문장 중 마음을 다잡아주는 문장을 골라 영어로 다시 썼습니다. 정확하고 섬세한 단어로 만든 세련된 문장을 통해 고전 철학의 깊이와 아름다움을 탐미해 보세요.

- 다양한 영어 표현 중 왜 하필 이 표현을 선택했는지 설명했습니다. 고전적 표현의 매력이 그대로 담긴 영어 문장을 살펴보면서 단어와 형식에 따라 미묘하게 달라지는 말맛을 느껴 보세요.

- 펜을 손에 쥐고 종이에 직접 필사하는 과정을 거치면 책 속의 문장을 그저 읽는 것이 아니라 마음에 새기며 몸으로 체득하게 됩니다. 7가지 주제로 분류한 77개의 문장에 담긴 성인의 지혜와 통찰력을 영어로, 또 한글로 쓰며 익혀보세요.

- 그동안 익숙하게 알고 있던 단어도 문맥에 따라 새로운 의미를 나타내곤 합니다. 단어의 뜻을 확인하면서 문장 속 영어 표현을 확인해 보세요.

차례

머리말 2
이 책의 활용법 4

Chapter 1
새롭게 배우고 익히는 기쁨

1	배우고 때때로 그것을 익히면 또한 즐겁지 아니한가?	14
2	민첩하면서도 배우기를 좋아하고 아랫사람에게 묻는 것을 부끄러워하지 않는다.	16
3	아는 것은 좋아하는 것만 못하고, 좋아하는 것은 즐기는 것만 못하다.	18
4	세 사람이 길을 함께 가면 반드시 그 가운데 내 스승이 있다.	20
5	옛것을 익히고 새것을 알면 스승이 될 수 있다.	22
6	하나를 들으면 열을 안다.	24
7	가르침에는 차별이 없다.	26
8	깨우치려는 열망이 없으면 열어주지 않는다.	28
9	나는 본래 아는 자가 아니라, 옛것을 좋아해 힘써 배운 자다.	30
10	아는 것을 안다고 하고 모르는 것을 모른다고 하는 것이 진정한 앎이다.	32
11	장인이 일을 잘하려면 먼저 도구의 날을 잘 갈아야 한다.	34

Summary 36

Chapter 2
어진 마음으로 덕을 닦는 하루

12	어진 사람은 사람을 사랑한다.	42
13	덕은 외롭지 않다. 반드시 이웃이 있다.	44
14	인자한 사람은 오래 산다.	46
15	진실로 인을 뜻하고 있다면 어떤 잘못도 없을 것이다.	48
16	자기를 이기고 예로 돌아감이 인이다.	50
17	군자의 덕은 바람과 같고, 소인의 덕은 풀과 같으니, 바람이 풀 위로 불면 풀은 반드시 눕는다.	52
18	지혜로운 자는 물을 좋아하고 어진 자는 산을 좋아한다.	54
19	먼 곳에서 벗이 찾아오면 즐겁지 아니한가.	56
20	뜻은 도에 두고 근거는 덕에 둔다.	58
21	군자의 도는 부부의 관계에서 시작된다.	60
22	사람이 죽으려 할 때, 그 말은 선하다.	62
	Summary	64

Chapter 3
예로 정제한 안온한 일상

23	식사하면서 대화하지 않고 잠자리에서 말하지 않는다.	70
24	지나친 것은 미치지 못한 것과 같다.	72
25	부모에게 효도하고 형제간에는 우애를 다하라.	74
26	문 한가운데 서지 않고 문지방을 밟고 지나가지 않았다.	76
27	잠자리를 가리지 않되, 반드시 단정하게 있었다.	78
28	예라 함은 옥이나 비단에 있는 것이겠는가?	80
29	3년이 지나도록 아버지의 도를 바꾸지 않으면 가히 효라 이를만하다.	82
30	선비가 안일함을 마음에 둔다면 선비라 할 수 없다.	84
31	즐거워하되 음란하지 않고, 슬퍼하되 상심하지 않는다.	86
32	남이 알아주지 않아도 성내지 않으니, 군자라 하지 않겠는가.	88
33	예를 행함에는 화합이 귀하다.	90
	Summary	92

Chapter 4
현명한 믿음이 필요한 순간

34	사람이 믿음이 없으면 서지 못한다.	98
35	말에는 신의가 있어야 하고 행동에는 결단이 있어야 한다.	100
36	군자는 말만 듣고 사람을 등용하지 않는다.	102
37	말이 교묘하고 얼굴빛을 꾸미는 자는 어진 사람이 드물다.	104
38	군자는 말이 행동보다 앞서는 것을 부끄러워한다.	106
39	사람과 말할 때는 반드시 진심으로 하였다.	108
40	군자는 다투는 일이 없다.	110

41	소인의 허물은 반드시 꾸며진다.	112
42	자기보다 못한 자를 벗 삼지 않는다.	114
43	검소함으로 실패하는 사람은 드물다.	116
44	사람이 멀리 내다보는 생각이 없으면 반드시 가까운 근심이 생기게 된다.	118
	Summary	120

Chapter 5
군자의 마음을 이어가는 지혜

45	군자는 의에 밝고 소인은 이익에 밝다.	126
46	군자는 마음이 너그럽고, 소인은 늘 근심에 싸여 있다.	128
47	군자는 모든 원인을 자신에게서 찾고, 소인은 남에게서 찾는다.	130
48	길이 다르면 서로 도모할 수 없다.	132
49	군자는 한 가지 용도에만 쓰이는 그릇이 아니다.	134
50	분쟁을 듣는 일은 나도 남과 다르지 않다. 다만, 다툼이 없게 함이 중요하다.	136
51	군자는 배부름을 구하지 않고 편안함을 구하지 않는다.	138
52	군자가 무게가 없으면 위엄이 서지 않고, 학문도 견고하지 않다.	140
53	군자가 거주하는데, 어찌 누추함이 있으랴.	142
54	군자는 천하를 대함에 있어 치우침도 없고 배척도 없으며 오직 의에 따를 뿐이다.	144
55	이익에 따라 행동하면 원망이 많다.	146
	Summary	148

Chapter 6
덕으로 다스리는 올곧은 길

56	군주는 신하를 예로 부리고 신하는 군주를 충으로 섬긴다.	154
57	군자는 덕으로 정치를 한다.	156
58	백성의 신의를 잃으면 나라는 설 수 없다.	158
59	지위가 없음을 걱정하지 말고 설 수 있는 바탕이 없음을 걱정하라.	160
60	자신의 자리에 있지 않으면 그 자리의 정사를 논하지 않는다.	162
61	백성을 가르치지 않고 전쟁에 내보내는 것은 그들을 버리는 일이다.	164
62	불의하게 얻은 부귀는 내게 있어 뜬구름과 같을 뿐이다.	166
63	군자는 근본에 힘쓰니 근본이 서면 도가 생긴다.	168
64	나는 열다섯에 학문에 뜻을 두었고, 서른에 자립하였으며, 마흔에는 의혹이 없었다.	170
65	오십에 천명을 알았고, 육십에 들음이 거슬림이 없었으며 칠십에는 뜻대로 행하여도 법도에 어긋남이 없었다.	172
66	하늘에 죄를 지으면 아무 데도 빌 곳이 없다.	174
	Summary	176

Chapter 7
찬찬히 나를 갈고닦는 시간

67	인생은 곧은 것이다.	182
68	자신이 먼저 행하면 이후에 따른다.	184
69	의로운 일을 보고도 행하지 않는 것은 용기가 없는 것이다.	186
70	지난 허물을 기억하지 않으면 원망이 적어진다.	188
71	자신이 하고 싶지 않은 일을 남에게 시키지 마라.	190
72	스스로를 돌아보아 부끄럼이 없다면 무엇을 걱정하고 두려워하겠는가.	192
73	잘못을 하고도 고치지 않는 것이 진정한 잘못이다.	194
74	지혜로운 자는 의심하지 않고, 어진 자는 근심하지 않으며, 용감한 자는 두려워하지 않는다.	196
75	어려움을 먼저 겪고 얻는 일은 나중 한다.	198
76	사람이 마흔이 되어도 악함이 남아 있다면 더는 고치기 어려울 것이다.	200
77	세월이 추워진 뒤에야, 소나무와 잣나무가 마지막까지 시들지 않음을 알게 된다.	202
	Summary	204

Chapter 1

새롭게 배우고 익히는 기쁨

Is it not a pleasure to acquire knowledge and periodically put it into practice?

배우고 때때로 그것을 익히면 또한 즐겁지 아니한가?

- pleasure는 예의와 품격을 갖춘 세련된 어휘이다. 추상 명사로 쓰일 때는 a가 붙지 않지만 '기쁜 일'을 말할 때는 보통 명사인 a pleasure로 쓴다.
- to 부정사를 to acquire knowledge처럼 주어로 사용하면 '미래'와 '조건'의 의미를 포함한다. 동사 acquire는 ad-(=toward)+-quire(=to seek) 즉, '추구하는 방향으로 가다'라는 어원적 의미가 있으므로 acquire knowledge는 '지속적인 학습을 통해서 지식을 습득하다'라는 뜻이 된다.
- 논어에서 말하는 '때때로 그것을 익히면'은 from time to time처럼 불규칙적이고 가끔 일어나는 일을 말하는 것이 아니라 주기적인 배움을 말하므로 periodically라고 표현하는 것이 정확하다.

새롭게 배우고 익히는 기쁨

Is it not a pleasure to acquire knowledge and periodically put it into practice?

---

pleasure 마음을 편안하게 해주는 기쁨이나 즐거움　**acquire** 지속적인 노력이나 연습의 과정을 통해서 뭔가를 획득하거나 습득하다　**periodically** 주기적으로　**put it into practice** 배운 것을 실제로 사용하고 실험해 보다

Sharp-minded, eager to learn, and unafraid to seek guidance from subordinates.

민첩하면서도 배우기를 좋아하고 아랫사람에게 묻는 것을 부끄러워하지 않는다.

- sharp-minded는 총명하고 지적 능력이 뛰어나며 날카로운 판단력을 갖추었다는 의미를 한꺼번에 담고 있는 어휘이다. 속도를 강조한다면 quick-minded도 고려할 수 있지만 이는 순간적인 기지나 유머 감각을 가리킨다.
- unafraid to seek guidance는 '조언이나 지도를 구하는 데 두려움이 없는' 상태를 뜻한다. 여기서 두려움은 논어에서 말하는 '부끄러움'에 해당한다. 결국 unafraid to seek guidance from subordinates는 '아랫사람에게 조언을 구하는 것을 두려워하거나 부끄러워하지 않는' 것을 의미한다.

새롭게 배우고 익히는 기쁨

Sharp-minded, eager to learn, and unafraid to seek guidance from subordinates.

sharp-minded 예리한, 총명하며 민첩한 **eager** 열정, 적극성 **unafraid** 두려움이 없는, 어떤 상황에서도 겁내지 않는 **seek** 적극적으로 탐구하거나 요청하다 **guidance** 복잡한 문제를 해결하는 데 필요한 조언이나 지도 **subordinate** 아랫사람, 종속된 자, 하급자

To know surrenders to love; to love, to the bliss of true savoring.

아는 것은 좋아하는 것만 못하고, 좋아하는 것은 즐기는 것만 못하다.

- to know는 '아는 것'을 말한다. 이렇게 to 부정사를 주어로 쓰면 추상적이고 보편적인 개념을 전하거나 명제나 진리를 격식 있게 표현하는 형식이 된다. 반면에 동명사 knowing은 '진행'의 개념을 포함하고 있어서 일상적 표현에 더 적합하다.
- surrender to에서 to는 부정사가 아닌 전치사이며 surrender to love는 '사랑에 자리를 내어주다'라는 뜻이다.
- love는 '사랑하다', '사랑'이라는 뜻 이전에 '매우 좋아하다', '매우 좋아함'을 의미한다. 따라서 논어에서 말하는 '좋아하는 것'은 to love로 표현하는 것이 적절하다.
- 두 번째 to love는 to know와 마찬가지로 주어로 사용된 부정사이다. to love와 to the bliss of true savoring 사이에 surrender가 생략되어 있어 콤마(comma ,)를 이용했다.

To know surrenders to love; to love, to the bliss of true savoring.

surrender 자발적으로 자리를 내어주다, 굴복하다   bliss 완전한 행복   savor 음미하다, 즐기다

Among three companions, a teacher is always present.

세 사람이 길을 함께 가면 반드시 그 가운데 내 스승이 있다.

- among three companions는 단순히 세 사람을 지칭하는 것이 아니라 '경험을 함께 공유하며 배움을 나눌 수 있는 세 사람 사이에는'을 의미한다.
- 형용사 present는 '존재하는'이라는 뜻으로, 여기에서는 우연한 존재가 아니라 필연적인 존재를 의미한다. be 동사는 주어의 '100% 확실한 상태'를 말할 때 사용한다. 따라서 is present는 '100% 확실하게 필연적으로 존재하는'이라는 뜻이 된다.

새롭게 배우고 익히는 기쁨

Among three companions, a teacher is always present.

---

companion 경험을 함께 공유하는 존재, 서로 배움의 기회를 제공할 수 있는 존재, 동반자, 친구
teacher 배울 점이 있는 사람, 스승 **present** 존재하는

To master the old and discern the new is to be worthy of a teacher.

옛것을 익히고 새것을 알면 스승이 될 수 있다.

- 여기서 동사 master는 단순히 익히고 배우는 것이 아니라 더 심도 있게 이해하고 있는 상태를 뜻하며 목적어 the old와 결합하면 '옛것의 의미를 꿰뚫고 그것을 자신의 것으로 만든다'라는 의미가 된다. '미래'와 '조건'을 나타내는 부정사를 써서 논어에서 말하는 '~을 알면'을 표현하고 있다.
- is to be worthy of a teacher에 쓰인 to be 용법은 '미래의 가능성', '운명'의 의미를 담고 있어 철학적이고 격식 있는 문장에 어울린다.
- be worthy of a teacher는 '스승이 될 만한 가치가 있다'라는 뜻으로 여기서 스승은 '합당한 인격과 식견을 갖춘 스승'을 의미한다.

To master the old and discern the new is to be worthy of a teacher.

master 익히다, 배우다   discern 알아차리다   be worthy of ~의 가치가 있다

6

The discerning connects the dots—one reveals ten.

하나를 들으면 열을 안다.

- 현재 분사형 형용사인 discerning은 '총명한', '통찰력 있는'이라는 뜻으로 여기에 정관사 the를 붙이면 '총명한 사람들', '통찰력 있는 사람들'이 된다.
- connects the dots는 '점들을 잇다'라는 뜻으로 '점 잇기 그림'에서 유래한 표현이다. '흩어진 정보나 단서들을 하나로 연결해 전체 의미나 구조를 파악하다'의 뜻으로 사용한다.
- 앞 문장과 뒤 문장을 잇고 있는 부호 대시(dash —)는 두 문장을 자연스럽게 연결해 주는 역할을 한다. 보통 뒤 문장의 의미를 강조하기 위해서 사용한다.
- one reveals ten은 "하나가 열을 드러낸다."라는 뜻으로 "하나의 단서가 열 가지를 드러낸다.", "하나를 통해서 전체를 통찰한다."라는 의미이다.

새롭게 배우고 익히는 기쁨

The discerning connects the dots—one reveals ten.

discern 알아차리다, 파악하다   connect 잇다   dot 점   reveal 드러내다

True teaching knows no discrimination.

가르침에는 차별이 없다.

- 이 문장에서 true teaching은 '진정한 가르침'을 의미한다.
- doesn't know와 know no~는 뜻은 같지만 doesn't know가 구어적 표현인 데 반해 know no~는 문어적 표현이다.

True teaching knows no discrimination.

true 근본적인, 본질에 충실한   know no~ ~을 알지 못하다, ~이 전혀 없다   discrimination 차별, 성별이나 인종·계급·출신 등으로 사람을 다르게 대우하는 것

Without a yearning for truth, I do not unfold the Way.

깨우치려는 열망이 없으면 열어주지 않는다.

- 명사 yearning은 desire와 비교해 훨씬 더 깊숙한 내면의 갈망과 동경을 나타낸다. 따라서 without a yearning for truth는 '진리에 대한 깊은 열망이 없으면', '깨우치려는 열망이 없으면'이라는 뜻이 된다.
- I do not~은 매우 단정적이고 단호한 인상을 주는 표현이다. 대문자 W를 쓴 the Way는 '도덕적 진리'를 상징하기 때문에 I do not unfold the Way는 "나는 도덕적 진리를 보여주지 않는다.", "나는 가르침을 열어주지 않는다."라는 뜻이 된다.

Without a yearning for truth, I do not unfold the Way.

---

without ~이 없다면   yearning 강렬한 열망   I do not~ 나는 ~을 하지 않는다   unfold 깨달음의 길을 열어주다, 펼치다, 드러내다

9

Not born with knowledge, I cherish the old and seek it earnestly.

나는 본래 아는 자가 아니라, 옛것을 좋아해 힘써 배운 자다.

- born은 '이미 태어난 상태에 있는'이라는 뜻의 과거 분사형 형용사로 not born with는 '태어나면서부터 ~을 가지고 있지 않은 상태인'으로 해석할 수 있다. 따라서 not born with knowledge는 '지식을 갖지 않고 태어난 상태에서', '원래 지식이 없는 상태에서' 라는 뜻이다.
- cherish the old는 '옛것을 귀히 여기다'라는 뜻이며 seek it earnestly는 '옛것을 부지런히 추구하고 배우다'로 해석한다. 논어는 과거시제이지만 영어는 현재시제로 표현해 과거에 국한하지 않고 언제나 그래야 함을 강조하고 있다.

Not born with knowledge, I cherish the old and seek it earnestly.

cherish 소중히 여기다, 마음 깊이 귀히 여기다   the old 전통, 옛 성인의 가르침, 전통적 지혜와 가르침, 옛것   seek 추구하다   earnestly 간절히, 부지런히, 정성을 다해서

10

To affirm what is known and concede what is not—that is wisdom.

아는 것을 안다고 하고 모르는 것을 모른다고 하는 것이 진정한 앎이다.

- affirm은 '확신과 책임감을 가지고 사실을 인정한다'라는 뜻이며 what is known은 '내가 알고 있는 것', '지식으로 확실히 자리 잡은 것' 등을 의미하므로 to affirm what is known은 '내가 확실히 아는 사실을 안다고 인정하는 것'이라는 뜻이 된다.
- concede what is not은 to concede what is not known에서 to와 known을 생략한 표현이다.
- concede는 admit 보다 겸손하고 진지한 뉘앙스를 가진 동사로 concede what is not은 '모르는 사실을 모른다고 겸손하게 인정하고 수용하다'라는 의미이다.
- 대시(—)는 앞의 문장을 뒤에서 강조하거나 확실한 결론을 내릴 때 사용한다.

To affirm what is known and concede what is not—
that is wisdom.

affirm 단언하다   what is known 알려진 것   concede 인정하다, 수용하다   wisdom 지혜, 통찰력

Mastery begins with a sharpened edge.

장인이 일을 잘하려면 먼저 도구의 날을 잘 갈아야 한다.

- master가 '장인', '대가'를 의미하는 단어이긴 하지만 논어에서 말하는 '장인'은 '장인의 높은 경지'라는 뜻을 포함하므로 mastery가 더 적절하다.
- begin with는 비교적 격식 있는 표현으로 문어체에서 자주 쓰인다. 흔히 비교되는 start with는 구어적이고 실용적인 표현이다.

Mastery begins with a sharpened edge.

mastery 특정한 기술이나 지식을 완전히 통달한 상태, 장인의 높은 경지　begin with ~로 시작되다　a sharpened edge 날카롭게 간 칼날, 즉시 활용할 수 있도록 준비된 상태, 잘 연마된 기술

1
Is it not a pleasure to acquire knowledge and periodically put it into practice?

배우고 때때로 그것을 익히면 또한 즐겁지 아니한가?

2
Sharp-minded, eager to learn, and unafraid to seek guidance from subordinates.

민첩하면서도 배우기를 좋아하고
아랫사람에게 묻는 것을 부끄러워하지 않는다.

3
To know surrenders to love; to love, to the bliss of true savoring.

아는 것은 좋아하는 것만 못하고, 좋아하는 것은 즐기는 것만 못하다.

4
Among three companions, a teacher is always present.

세 사람이 길을 함께 가면 반드시 그 가운데 내 스승이 있다.

5
To master the old and discern the new is to be worthy of a teacher.

옛것을 익히고 새것을 알면 스승이 될 수 있다.

6
The discerning connects the dots—one reveals ten.

하나를 들으면 열을 안다.

새롭게 배우고 익히는 기쁨

7
True teaching knows no discrimination.
가르침에는 차별이 없다.

8
Without a yearning for truth, I do not unfold the Way.
깨우치려는 열망이 없으면 열어주지 않는다.

9
**Not born with knowledge,
I cherish the old and seek it earnestly.**
나는 본래 아는 자가 아니라, 옛것을 좋아해 힘써 배운 자다.

10
**To affirm what is known and concede what is not
—that is wisdom.**
아는 것을 안다고 하고 모르는 것을 모른다고 하는 것이 진정한 앎이다.

11
Mastery begins with a sharpened edge.
장인이 일을 잘하려면 먼저 도구의 날을 잘 갈아야 한다.

새롭게 배우고 익히는 기쁨

Chapter 2

어진 마음으로 덕을 닦는 하루

12

The virtuous are bound to love.

어진 사람은 사람을 사랑한다.

- the virtuous와 good people은 서로 비슷한 뜻이지만 the virtuous가 더 품위 있는 어휘이다.
- 동사 bind는 운명적, 필연적으로 묶는다는 뉘앙스를 띠며 심리적으로나 도덕적으로 결속시킨다는 의미도 포함한다. 따라서 be bound to는 '필연적으로 ~하게끔 되어 있다'라는 뜻이며 be bound to love는 '필연적으로 사랑하게 되어 있다'라는 의미이다.

The virtuous are bound to love.

the virtuous 어진 사람들, 덕을 갖춘 사람들   bind 묶다, 결속시키다

13

Virtue is never alone; it always finds company.

덕은 외롭지 않다. 반드시 이웃이 있다.

- virtue is never alone에서 be 동사는 매우 단정적이고 절대적인 어조를 띠며 "덕은 절대로 외롭지 않다."라는 의미를 전달한다.
- find company는 '동반자를 얻다', '이웃을 만든다'라는 뜻이므로 virtue always finds company는 "덕은 늘 동반자를 찾는다.", "덕은 언제든 스스로 인연을 얻는다."로 의역할 수 있다.

Virtue is never alone; it always finds company.

alone 혼자가 아닌, 외롭지 않은   company 함께 있어 주는 사람, 벗, 동행

He who walks in virtue outlasts the years.

인자한 사람은 오래 산다.

- 보통은 those who를 사용하지만 문어체에서는 he who가 자주 활용된다. those who는 복수, he who는 단수 취급한다.
- walk in virtue를 해석하면 '도덕적 원칙 안에서 걷다', 즉 '도덕적 원칙 안에서 살아가다'가 된다. 결국 he who walks in virtue는 '도덕을 인생의 중심에 두고 살아가는 사람은', '인자한 사람은'으로 의역할 수 있다.
- outlast는 '지속성'과 '강인함'을 내포하는 동사이다. the years는 단순한 '여러 해'가 아니라 '오랜 세월'을 의미한다. 따라서 outlast the years는 '오랜 세월 속에서도 사라지지 않고 지속되다'라는 의미이다.

He who walks in virtue outlasts the years.

he who ~하는 사람   virtue 도덕적 선, 인격   outlast ~보다 오래 지속되다   the years 오랜 세월

15

If one earnestly sets his heart upon benevolence, no evil will be found in him.

진실로 인을 뜻하고 있다면 어떤 잘못도 없을 것이다.

- will be found in him은 '그의 내면이나 삶 속에서 발견될 것이다'라는 뜻으로 '발견되다'는 '드러나다'로 해석할 수 있다. 따라서 no evil will be found in him은 '그 어떤 악함이나 부도덕함도 그의 내면이나 삶에서 드러나지 않을 것이다'라는 뜻이 된다.

If one earnestly sets his heart upon benevolence, no evil will be found in him.

one 일반적인 사람, 누구든지　earnestly 진심으로, 간절히　set one's heart upon ~에 마음을 세팅하다, ~에 마음을 잘 정리해 두다, ~에 전심전력을 다하다　benevolence 인, 인간관계 안에서 벌어지는 배려와 사랑　evil 악함, 부도덕함

16

To master the self and return to ritual is the essence of benevolence.

자기를 이기고 예로 돌아감이 인이다.

- to 부정사를 주어로 사용하면 고전적이고 추상적인 느낌을 주며 정의나 명제를 말할 때 주로 사용한다.
- 여기서 master는 '완전히 지배하다'라는 뜻으로, the self는 '내면 전체'를 의미해 master the self는 '자아를 완전히 지배하다'로 해석한다. return의 경우 '회복하다'라는 의미로, ritual은 '도덕적 질서', '전통적 규범'으로 해석해 return to ritual은 '잃어버렸던 질서와 도덕, 관계를 회복하다'로 이해할 수 있다.

To master the self and return to ritual is the essence of benevolence.

---

master 완전히 장악하다, 지배하다, 통제하다 the self 인간의 본성, 자아, 자신, 내면 return 돌아가다 ritual 도덕적 질서와 전통적 규범, 조화를 담은 예, 의례, 의식 절차 essence 본질, 핵심, 정수 benevolence 인

17

The virtue of the gentleman is like the wind; the virtue of the petty man, like the grass. When the wind blows, the grass must bend.

군자의 덕은 바람과 같고, 소인의 덕은 풀과 같으니,
바람이 풀 위로 불면 풀은 반드시 눕는다.

- the virtue of the gentleman is like the wind는 "군자의 덕은 바람과 같다."라는 뜻으로 "군자는 그 존재와 성품만으로도 자연스럽고 조용하게 주변 사람들을 감화시킨다."라는 의미이다.
- 첫 번째 문장 끝에 세미콜론(semicolon ;)이 쓰였으므로 두 번째 문장에서는 is를 생략하고 대신 콤마(,)를 붙여 the virtue of the petty man, like the grass로 썼다. "소인의 덕은 풀과 같다." 즉, 소인은 '외부의 영향을 쉽게 받고 흔들리는 존재'라는 뜻이다.
- 조동사 must는 '반드시 ~을 해야 한다'라는 의미로 when the wind blows, the grass must bend는 "바람이 불면 풀은 반드시 눕는다."라고 해석한다. "군자가 덕을 갖추고 있으면 주변 사람들이 감화되어 순응한다."라는 뜻이다.

The virtue of the gentleman is like the wind; the virtue of the petty man, like the grass. When the wind blows, the grass must bend.

virtue 덕 gentleman 군자 like ~와 같은 petty man 도량이 좁고 자기 이익만을 좇는 소인
grass 풀 must 예외 없이 반드시 ~을 해야 하다 bend 구부러지다, 눕다

18

The wise are drawn to water; the benevolent to the mountains.

지혜로운 자는 물을 좋아하고 어진 자는 산을 좋아한다.

- 형용사 앞에 정관사 the를 붙이면 '~한 사람들'을 뜻하게 되므로 the wise는 단수가 아니라 복수로 취급한다.
- draw는 물리적인 끌림은 물론이고 마음의 이끌림도 의미하기 때문에 be drawn to는 '~에 끌리다', '~에 매료되다'라고 해석한다. the wise are drawn to water는 "지혜로운 사람들은 물에 끌린다.", "지혜로운 사람들은 흐르는 물처럼 유연함을 추구한다."로 이해할 수 있다.
- 여기서 benevolent는 '어질다'라는 뜻으로 the benevolent는 '어진 사람들'을 말한다. the benevolent to the mountains에는 are drawn이 생략되어 있어 "어진 사람들은 산에 끌린다.", "어진 사람들은 산처럼 굳건한 덕을 추구한다."라고 해석할 수 있다.

The wise are drawn to water; the benevolent to the mountains.

the wise 지혜로운 사람들   draw ~을 끌어당기다   benevolent 어질다, 자애로운

19

A friend from afar; a quiet joy within.

먼 곳에서 벗이 찾아오면 즐겁지 아니한가.

- afar는 주로 고어와 문어체에서 사용하는 부사이다. 단독으로 쓰기보다는 from afar의 형태로 자주 사용되며 물리적인 거리만이 아니라 시간적, 정서적 거리를 말할 때도 사용한다. 따라서 a friend from afar는 '지리적으로 멀리서 온 친구', '오랜만에 만나는 친구', '정서적으로 거리감이 있었던 친구' 등을 모두 통칭한다.
- a quiet joy within은 '내면의 조용한 기쁨'으로 직역할 수 있으며 '마음속에 느껴지는 은근한 기쁨'으로 의역한다. within은 단순히 '안에'라는 의미가 아니라 '내면 깊숙한 곳'을 뜻한다.
- 세미콜론(;)은 a friend from afar와 a quiet joy within 사이에 적절한 시적 여백을 만들어 준다.

A friend from afar; a quiet joy within.

afar 멀리

20

Set your aim on the Way, take virtue as your foundation.

뜻은 도에 두고 근거는 덕에 둔다.

- the Way는 단순한 '길'이 아니라 '도덕적 이상과 삶의 원칙을 함축하는 도'를 뜻한다. 따라서 set your aim on the Way는 '삶의 목표를 도에 둬라'라는 뜻이 된다.
- take virtue as your foundation은 '덕을 삶의 기반으로 삼다'로 의역하며 논어에서 말하는 '근거는 덕에 둔다'를 묘사하고 있다.

Set your aim on the Way, take virtue as your foundation.

set your aim on~ 목표를 ~에 설정하다   take virtue as~ 덕을 ~로서 받아들이다   foundation 기초, 토대

The gentleman's Way begins in the sacred union of husband and wife.

군자의 도는 부부의 관계에서 시작된다.

- Way는 '인생의 바른길', '도덕적 원리' 등을 뜻하는 '도'를 의미한다. 따라서 the gentleman's Way는 '군자의 도'라는 뜻이 된다.
- 뜻은 같아도 begin이 start보다 문어체에서 더 자주 사용되는 어휘이다.
- in the sacred union of husband and wife는 '남편과 아내의 신성한 결합 안에서'라는 뜻으로 여기에서 '신성한 결합'이란 '도덕적이며 영적인 결합'을 의미한다.

The gentleman's Way begins in the sacred union of husband and wife.

gentleman 군자   begin 시작되다   in ~안에서   sacred 신성한, 거룩한   union 결합

Near death, words turn righteous.

사람이 죽으려 할 때, 그 말은 선하다.

- near death는 '죽음이 가까워졌을 때', 즉 '죽음을 앞두고'라고 해석할 수 있다.
- words turn righteous는 '말이 의롭게 변하다'라는 뜻으로 논어에서 말하는 '그 말은 선하다'라는 구절을 적절하게 표현하고 있다.

Near death, words turn righteous.

near ~에 가까운   words 말, 언어   turn ~의 상태로 변하다   righteous 의로운, 도덕적으로 올바른

12
The virtuous are bound to love.
어진 사람은 사람을 사랑한다.

13
Virtue is never alone; it always finds company.
덕은 외롭지 않다. 반드시 이웃이 있다.

14
He who walks in virtue outlasts the years.
인자한 사람은 오래 산다.

15
If one earnestly sets his heart upon benevolence, no evil will be found in him.
진실로 인을 뜻하고 있다면 어떤 잘못도 없을 것이다.

16
To master the self and return to ritual is the essence of benevolence.
자기를 이기고 예로 돌아감이 인이다.

17
The virtue of the gentleman is like the wind; the virtue of the petty man, like the grass. When the wind blows, the grass must bend.
군자의 덕은 바람과 같고, 소인의 덕은 풀과 같으니, 바람이 풀 위로 불면 풀은 반드시 눕는다.

어진 마음으로 덕을 닦는 하루

18
**The wise are drawn to water;
the benevolent to the mountains.**
지혜로운 자는 물을 좋아하고 어진 자는 산을 좋아한다.

19
A friend from afar; a quiet joy within.
먼 곳에서 벗이 찾아오면 즐겁지 아니한가.

20
Set your aim on the Way, take virtue as your foundation.
뜻은 도에 두고 근거는 덕에 둔다.

21
**The gentleman's Way begins in the sacred union
of husband and wife.**
군자의 도는 부부의 관계에서 시작된다.

22
Near death, words turn righteous.
사람이 죽으려 할 때, 그 말은 선하다.

Chapter 3

예로 정제한 안온한 일상

23

They embrace silence with grace at the table and with reverence at repose.

식사하면서 대화하지 않고 잠자리에서 말하지 않는다.

- embrace는 '기꺼이 받아들이고 존중하며 따른다'라는 의미가 포함된 단어로 embrace silence with grace는 억지로 부자연스럽게 말을 삼가는 것이 아니라 '품위를 유지하면서 자연스럽게 대화하지 않는다'라는 뜻이다. 반면 embrace silence with reverence는 '숭고한 마음가짐으로 침묵을 지킨다'라는 의미이다.
- repose는 sleep, rest 등을 포괄하는 품위 있는 어휘이다. 따라서 at repose라는 표현에는 단순히 '잠'뿐 만이 아니라 '밤이 되어 잠자리에서 하루를 뒤돌아보며 편히 쉬는 시간'이라는 의미가 포함된다.

They embrace silence with grace at the table and with reverence at repose.

embrace 포옹하다, 생각이나 제안을 받아들이다   silence 침묵   grace 우아함, 품위   reverence 숭배, 경건함   at the table 식사하는 동안, 식사하면서, 식탁에서   repose 평온한 휴식, 수면 상태

24

Excess is as undesirable as deficiency.

지나친 것은 미치지 못한 것과 같다.

- excess는 물질, 감정, 행동 등 다양한 측면에 적용되는 명사이며 부정적 맥락에서 주로 사용된다.
- deficiency는 excess와 반대 개념의 명사이며 역시 부정적 맥락에 주로 쓰인다. 이 문장에서는 excess와 deficiency를 동등 선상(as undesirable as)에 두고 비교하며 문장의 품위를 높이고 있다.

excess 필요하거나 적절한 범위를 넘어선 상태, 지나침, 초과 undesirable 바람직하지 않은, 부적절한, 달갑지 않은 deficiency 필요한 것이 부족한 상태, 결핍, 부족

25

Revere parents, uphold fraternal harmony.

부모에게 효도하고 형제간에는 우애를 다하라.

- 동사 revere는 흔히 사용하는 respect보다 더 무게감이 있는 어휘로 도덕적으로 깊이 존경하는 감정을 포함한다.
- 동사 uphold는 비슷한 뜻인 keep보다 격식 있는 어휘로 속뜻에 의무와 책임감이 담겨 있다.
- fraternal harmony는 '형제자매 간의 화목이나 조화'를 의미하므로 uphold fraternal harmony는 '형제자매 간에는 우애를 지켜야 한다'라는 내용을 무게감 있는 어조로 전달한다.

예로 정제한 안온한 일상

Revere parents, uphold fraternal harmony.

---

revere 깊이 존경하다, 경외하다   **uphold** 유지하다, 지지하다   **fraternal** 형제 간의, 형제자매 사이의

26

He did not stand in the center of a doorway, nor tread upon the threshold as he passed.

문 한가운데 서지 않고 문지방을 밟고 지나가지 않았다.

- he did not stand처럼 주동사를 바로 부정하는 표현은 매우 단정적이고 강한 인상을 주며 '그는 절대로 서 있지 않았다'라는 뉘앙스를 풍긴다.
- nor는 앞의 did not과 연결되어 '또한 절대로 ~하지 않았다'라는 의미이다. '~을 밟다'를 의미하는 문어적이고 격조 있는 어휘인 tread upon과 함께 쓰여 '지나가면서 문지방을 밟지 않았다'라는 뜻이 되었다.
- 전통적으로 문간 한가운데는 왕이나 윗사람이 드나드는 자리이기 때문에 예의상 피해야 할 길로 여겼다. 또한 문지방을 밟는 행위 역시 무례하거나 버릇없는 행동으로 간주했다.

He did not stand in the center of thoroughfare, nor tread upon the threshold as he passed.

doorway 문틀이 있는 출입구 전체   tread upon ~을 밟다   threshold 문지방

He did not choose where to lie down, but was ever composed in appearance.

잠자리를 가리지 않되, 반드시 단정하게 있었다.

- 이 문장에서 he는 '공자'를 가리킨다.
- did not choose는 직역하면 '고르지 않았다'라는 의미지만 이 문장에서는 '따지지 않았다'로 해석할 수 있으며, lie down은 일반적으로 '눕다'를 의미하지만 여기서는 '잠자리를 취하다'라는 뜻으로 쓰였다. to 부정사에는 '미래'의 의미가 있으므로 he did not choose where to lie down은 '그는 어디에서 잠을 잘지 따지지 않았다'로 해석한다.
- composed는 내면의 절제와 외모의 단정한 상태를 망라하는 어휘이다. 여기에서 in appearance는 외모뿐만 아니라 '자세'나 '태도'까지 포함하고 있어 was ever composed in appearance를 '내면은 물론 자세나 태도가 항상 단정했다'로 해석할 수 있다.

예로 정체한 안온한 일상

He did not choose where to lie down, but was ever composed in appearance.

composed 차분한, 침착한, 몸가짐이 정돈된, 흐트러지지 않은

28

Does the spirit of propriety dwell in jade and silk?

예라 함은 옥이나 비단에 있는 것이겠는가?

- spirit은 사상이나 가치의 '본질', 또는 '정신'을 뜻하며 살아 움직이는 듯한 동적인 뉘앙스를 띠는 어휘이다. propriety는 '예의', '도덕적 적절함'을 뜻한다. 사람의 행동이 상황에 맞고 도리에 합당한 상태임을 나타내고 있어 논어에서 말하는 '예'의 개념과 매우 가깝다. 따라서 the spirit of propriety는 '예의 본질적인 정신'이라는 뜻을 격조 있게 표현하고 있다.
- dwell in이 철학적인 문장에서 쓰이면 '내재하다', '본질을 이루다'라는 뜻이 된다. 이 문장에서는 '예의 본질적인 정신이 어딘가에 깃들다'라는 의미로 쓰였다. jade and silk는 부와 격식을 상징하며 여기에서는 '공허한 형식'을 의미한다. 따라서 dwell in jade and silk는 짧고 절제된 표현이지만 예가 마음의 공경에서 비롯된다는 사실을 역설적으로 잘 드러내고 있다.

Does the spirit of propriety dwell in jade and silk?

spirit 본질, 정신   propriety 예의, 도덕적 적절함   dwell in ~에 거주하다, 내재하다, 본질을 이루다   jade and silk 옥과 비단

With his father's way unchanged for three years, he is truly filial.

3년이 지나도록 아버지의 도를 바꾸지 않으면 가히 효라 이를만하다.

- with his father's way unchanged for three years는 전치사 with의 '~의 상태라면'이라는 의미가 더해져 '아버지의 삶의 방식과 신념이 3년 동안 바뀌지 않은 상태라면'이라고 해석할 수 있다.
- filial은 라틴어에서 출발한 어휘이다. '아들과 딸'의 의미에서 시작해 지금의 뜻까지 확장되었다.
- 전체 문장은 "아버지의 삶의 방식과 신념이 3년 동안 바뀌지 않은 상태로 자식이 그 뜻을 잘 따랐다면 그는 진정 효도하고 있는 것이다."로 해석할 수 있다.

With his father's way unchanged for three years, he is truly filial.

way 삶의 방식, 도덕적 원칙, 신념　**truly** 참으로, 진정으로　**filial** 자식으로서의 도리를 다하는, 효도하는

When a scholar harbors a desire for ease, he falls short of what a scholar ought to be.

선비가 안일함을 마음에 둔다면 선비라 할 수 없다.

- if나 when은 '~라면'에 해당하는 표현으로 '조건'에 해당하는지 '순간'이나 '때'를 말하는 것인지에 따라 쓰임이 다르다. 이 문장에서는 '때'로 보는 것이 옳으므로 when을 선택했다.
- a desire for ease는 '안락함을 위한 욕구', '안락함을 추구하는 마음'을 의미해 논어에서 말하는 '안일함'과 일맥상통한다.
- ought to는 should보다 격을 갖춘 표현으로 '도덕적으로 혹은 사회적인 기준으로 볼 때 마땅히 그래야 한다'라는 의미이다. 따라서 he falls short of what a scholar ought to be는 "그는 선비라면 마땅히 그래야 할 기준에 미치지 못한다."라는 뜻이 된다.

When a scholar harbors a desire for ease, he falls short of what a scholar ought to be.

scholar 선비   harbor 마음에 품다, 간직하다   desire 갈망, 욕구   ease 안락함, 편안함   fall short of 어떤 기준이나 기대를 충족하기에 부족하다, 미치지 못하다   ought to 마땅히 ~해야 한다, ~하는 것이 옳다

31

Elegant in joy, never lascivious, mournful, yet unbroken.

즐거워하되 음란하지 않고, 슬퍼하되 상심하지 않는다.

- 깊은 슬픔을 표현할 때 흔히 grieving을 떠올리지만 이는 주로 사랑하는 사람의 죽음과 관련된 슬픔을 일컫는 단어이므로 여기에서는 일반적인 슬픔을 격조 있게 표현하는 mournful이 더 적절하다.

Elegant in joy, never lascivious, mournful, yet unbroken.

---

elegant 우아함, 품격 있는 in joy 기쁨이나 즐거움 안에서 lascivious 음탕한, 음란한, 방탕한 mournful 애처로우며 매우 슬픈, 비통한 yet unbroken 슬픔 중에 있으나 마음이 부서지지 않고 크게 좌절하지 않는 상태

The virtuous harbor no anger, though the world takes no notice.

남이 알아주지 않아도 성내지 않으니, 군자라 하지 않겠는가.

- 형용사 virtuous의 명사는 virtue로 '올바른 행동과 도덕적인 품성', '덕'을 의미한다. 따라서 the+형용사 용법인 the virtuous는 '도덕적으로 탁월한 사람', '군자'를 뜻하게 된다. the+형용사의 형태가 '사람'을 칭할 때는 복수 명사로 취급해 뒤에 이어지는 동사는 원형을 사용한다.
- harbor no anger는 매우 격식을 갖춘 표현으로 '마음속에 분노를 품지 않는다'라는 뜻이다.
- 논어에서 말하는 '남이 알아주지 않아도' 부분을 though the world takes no notice로 표현했다.

The virtuous harbor no anger, though the world takes no notice.

the virtuous 군자, 절제와 도리를 아는 고결한 인물   harbor 내면에 간직하다, 품다   though 비록 ~일지라도   the world 주변 사람들, 사회   take no notice 주목하지 않다, 무시하다

In the practice of propriety, harmony is the highest virtue.

예를 행함에는 화합이 귀하다.

- practice에는 '연습'이라는 뜻만이 아니라 '실천', '실행'이라는 철학적 개념도 담겨 있다. propriety는 논어의 '예'라는 개념을 가장 품격 있게 나타내는 어휘로 역시 단순한 사회적 예법이 아니라 도리에 맞는 균형 잡힌 행위를 의미한다. 따라서 in the practice of propriety는 '예를 실행함에 있어서'로 해석한다.
- harmony는 논어에서 말하는 '화합'을 가장 적절하게 표현하는 어휘이다. the highest virtue는 '덕 가운데서 가장 높은 것'이므로 논어에서 말하는 '귀한 것'을 적절하게 표현하고 있다.

In the practice of propriety, harmony is the highest virtue.

practice 연습, 실천, 실행   propriety 예   harmony 조화, 균형, 화합   virtue 덕, 도덕적 탁월함

(23)
**They embrace silence with grace at the table
and with reverence at repose.**
식사하면서 대화하지 않고 잠자리에서 말하지 않는다.

(24)
Excess is as undesirable as deficiency.
지나친 것은 미치지 못한 것과 같다.

(25)
Revere parents, uphold fraternal harmony.
부모에게 효도하고 형제간에는 우애를 다하라.

(26)
**He did not stand in the center of a doorway,
nor tread upon the threshold as he passed.**
문 한가운데 서지 않고 문지방을 밟고 지나가지 않았다.

(27)
**He did not choose where to lie down,
but was ever composed in appearance.**
잠자리를 가리지 않되, 반드시 단정하게 있었다.

(28)
Does the spirit of propriety dwell in jade and silk?
예라 함은 옥이나 비단에 있는 것이겠는가?

예로 절제한 안온한 일상

29
With his father's way unchanged for three years,
he is truly filial.
3년이 지나도록 아버지의 도를 바꾸지 않으면 가히 효라 이를만하다.

30
When a scholar harbors a desire for ease,
he falls short of what a scholar ought to be.
선비가 안일함을 마음에 둔다면 선비라 할 수 없다.

31
Elegant in joy, never lascivious, mournful, yet unbroken.
즐거워하되 음란하지 않고, 슬퍼하되 상심하지 않는다.

32
The virtuous harbor no anger,
though the world takes no notice.
남이 알아주지 않아도 성내지 않으니, 군자라 하지 않겠는가.

33
In the practice of propriety,
harmony is the highest virtue.
예를 행함에는 화합이 귀하다.

예로 정체힌 안온한 일상

Chapter 4

현명한 믿음이 필요한 순간

34

Without trust, there is no standing, no survival.

사람이 믿음이 없으면 서지 못한다.

- 이 문장에서 trust는 단순한 '믿음'이 아니라 '삶을 지탱하는 중심 가치로서의 믿음'을 의미한다.
- 여기서 standing은 물리적으로 서 있는 상태를 넘어서 도덕적 기반 위에 선 상태를 의미하므로 there is no standing은 '도덕적으로 설 수 없다', '도덕적으로 존재할 수 없다'라는 의미가 된다.
- no survival은 부연 설명에 해당하는 부분으로 '살아남을 수 없음'을 의미한다. 문장 전체를 해석하면 "믿음이 없으면 도덕적으로 설 수 없으며 살아남을 수도 없다."가 된다.

현명한 믿음이 필요한 순간

Without trust, there is no standing, no survival.

survival 생존

35

Let truth reside in speech, and resolve in every act.

말에는 신의가 있어야 하고 행동에는 결단이 있어야 한다.

- reside in speech는 '말 안에 잘 깃들어 있다', '말에 깊이 뿌리내린 상태로 계속 머물다' 등으로 해석한다.
- resolve in every act는 let resolve reside in every act에서 let와 reside가 생략된 문장이므로 "모든 행동 안에 결단력이 깃들어 있도록 하라."라는 의미이다.

Let truth reside in speech, and resolve in every act.

let ~을 어떤 상태로 두다   truth 신의, 진실, 도덕적 진실   reside 거주하다, 살다, 어떤 본질이나 특성이 잘 깃들어 있다

36

The gentleman does not recommend a man on words alone.

군자는 말만 듣고 사람을 등용하지 않는다.

- '군자'를 표현할 때 쓰는 대표적인 단어가 바로 the virtuous와 the gentleman이다. the virtuous는 '덕'을 강조할 때, the gentleman은 여기서 더 나아가 '덕으로 다스리는 이상적인 인간상'을 표현할 때 사용하므로 상황과 문장의 의미에 따라 하나를 선택할 수 있다.
- 이 문장에서 does not recommend a man은 '사람을 등용하지 않는다'로 해석한다.
- on words alone에서 전치사 on은 '~을 근거로'라는 뜻이므로 '단지 말 만을 근거로', '그가 하는 말만 듣고' 등으로 해석한다.

The gentleman does not recommend a man on words alone.

gentleman 군자 recommend 추천하다, 어떤 사람의 자질을 인정하여 등용하다 words 말, 말솜씨, 주장

He who uses crafty words and manipulates his expressions is seldom virtuous.

말이 교묘하고 얼굴빛을 꾸미는 자는 어진 사람이 드물다.

- he who는 흔히 those who와 비교되는데 those who가 현대적인 표현이라면 he who는 고전적인 표현으로, 격언이나 문어체에서 주로 사용한다.
- 이 문장에서 expression은 '얼굴 표정'을 의미하는 facial expression에서 facial을 생략한 것이다.
- 부사 seldom은 문어적이고 격식 있는 어휘로 seldom virtuous는 '덕이 거의 없는', '대부분의 사람이 어질지 않은'으로 해석한다.

He who uses crafty words and manipulates his expressions is seldom virtuous.

he who ~하는 사람은, ~하는 자는   crafty words 상대방을 속이거나 자신의 이익을 위하여 의도적으로 세련되고 교묘하며 간사하게 꾸미는 말   manipulate 의도적으로 자신의 감정이나 표정을 속이거나 상황이나 정보를 조종하여 자신에게 유리하도록 만들다   expression 얼굴 표현, 표현   seldom 드문, 거의 없는   virtuous 도덕적인, 고결한, 어진

38

The gentleman regards it as shameful when his words surpass his conduct.

군자는 말이 행동보다 앞서는 것을 부끄러워한다.

- the gentleman을 복수형으로 쓰지 않는 이유는 군자를 '하나의 인격'이나 '이상적인 인간의 전형'으로 표현하기 때문이다.
- surpass는 절제미를 살려주는 문어체 어휘로 his words surpass his conduct는 '그의 말이 행동보다 앞서다'라는 의미이다.

The gentleman regards it as shameful when his words surpass his conduct.

shameful 수치스럽고 도리에 어긋난   word 말   surpass ~보다 앞서다, ~을 능가하다   conduct 행동, 행위

39

In all discourse with others, he spoke with unwavering sincerity.

사람과 말할 때는 반드시 진심으로 하였다.

- in all discourse with others는 '타인들과 모든 대화 안에서', '타인과 대화를 나눌 때는 예외 없이'라는 뜻이다.
- 이 문장에서 speak은 '도덕적이고 철학적인 주제를 다루는 대화'를 의미하며 with unwavering sincerity는 '한결같이 진심으로'라고 해석한다.

현명한 믿음이 필요한 순간

In all discourse with others, he spoke with unwavering sincerity.

discourse 담론, 이치를 따지며 나누는 깊이 있는 대화, 도덕적이고 철학적인 대화　speak 대화하다, 누군가와 진지한 주제를 가지고 토의하다　unwavering 변함없는, 흔들림 없는, 한결같은　sincerity 진심, 성의

40

Where virtue dwells, quarrel finds no place.

군자는 다투는 일이 없다.

- where virtue dwells는 '덕이 깊이 뿌리내린 곳에서는'이라는 뜻으로 논어에서 말하는 '군자는' 부분을 풀어서 설명했다.
- find no place는 직역하면 '장소를 찾지 못하다'이지만 여기서는 '존재할 공간을 찾지 못하다', '존재할 공간이 없다'로 의역한다. 결국 quarrel finds no place는 '다툼은 존재할 공간이 없다'라는 의미로, '다투는 일이 없다'라는 말을 무게감 있게 표현하고 있다.

Where virtue dwells, quarrel finds no place.

virtue 덕, 군자다움, 내면의 완성   dwell 거주하다, 깊이 뿌리 내리다   quarrel 다툼, 싸움, 논쟁, 시비, 서로 간의 갈등

41

The petty man seeks not to amend his wrongs, but to embellish them.

소인의 허물은 반드시 꾸며진다.

- seeks not to는 구어체인 does not seek to에 비해 문어적이고 격조 있는 표현이다.
- not to amend his wrongs, but to embellish them 부분은 not to~, but to~ 구문에 해당하며 '~는 하려 하지 않고, 오히려 ~하려 한다'라는 뜻이다.
- embellish와 비슷한 뜻을 가진 단어로 decorate가 있다. 단, decorate가 단순히 '겉모습을 아름답게 장식하다'라는 의미라면 embellish는 '내용이나 진실을 숨기고 미화시키다', '허물을 숨기고 변명으로 과장하여 그럴듯하게 만들다'라는 의미이다.
- 이 문장에서는 '소인'을 주어로 그의 '행동'에 초점을 맞추어 단정적인 표현을 사용했다.

The petty man seeks not to amend his wrongs, but to embellish them.

petty man 소인, 소심하며 도덕적으로 천박한 사람   seeks not to ~을 하기 위해서 적극적으로 나서지 않는다   amend 도덕적 또는 인격적 결함을 바로잡다   wrongs 잘못, 부정행위   embellish 꾸미다, 장식하다

The gentleman does not make companions of those inferior to himself.

자기보다 못한 자를 벗 삼지 않는다.

- companion은 단순한 친구가 아니라 깊은 정서적 교감을 나누는 사람을 지칭하므로 make companions of는 '~와 깊은 신뢰를 바탕으로 교우 관계를 맺는다'라는 의미이다.
- 대명사 those는 '사람들'을 뜻한다. those inferior to himself는 those who are inferior to himself라고도 표현할 수 있지만 who are를 생략해 간결한 문어체의 느낌을 살렸다.
- 이 문장에서 inferior to는 '도덕적인 인격이나 품성 면에서 ~보다 좋지 않은'의 뜻으로 쓰였다. 논어에서 말하는 '자기보다 못한 자를'이라는 문장을 적절하게 표현한다.

The gentleman does not make companions of those inferior to himself.

gentleman 군자, 이상적 인격을 추구하는 사람   companion 함께 시간을 보내며 경험과 인생을 나누는 사람, 동반자, 벗   inferior to ~보다 열등한

Frugality seldom leads to failure.

검소함으로 실패하는 사람은 드물다.

- frugality는 단순히 돈을 아끼는 것뿐만 아니라 절제하고 자제하는 삶의 방식을 의미하기도 한다.
- seldom은 같은 의미로 사용하는 rarely보다 더 격식 있는 어휘이며 문어체에서 주로 사용된다.

Frugality seldom leads to failure.

frugality 절제, 검소함   **seldom** 좀처럼 ~하지 않는   **lead to** 결과적으로 ~의 상태에 이르다
failure 실패, 도덕적으로 무너짐, 사회적으로 무너짐

Without foresight, trouble draws near.

사람이 멀리 내다보는 생각이 없으면 반드시 가까운 근심이 생기게 된다.

- 명사 foresight는 '선견지명'에 해당하는 어휘로 without foresight는 '앞을 내다보는 능력이 없다면', '멀리 생각하지 못하면' 등으로 해석할 수 있다.
- draw near과 approach는 뜻이 같지만 draw near가 문어체에서 더 자주 사용하는 표현이다. trouble draws near는 '근심이 가까이 다가온다'라는 뜻이다.
- 논어에서는 '반드시'라는 단어가 쓰이는데 현재시제가 그 역할을 대신한다. 현재시제는 변하지 않는 진리나 습관 등을 표현하므로 '반드시 그렇게 된다'라는 뉘앙스를 띤다.

현명한 믿음이 필요한 순간

Without foresight, trouble draws near.

foresight 앞을 내다보는 능력   trouble 문제, 어려움, 근심   draw near 가까이 다가온다

34
Without trust, there is no standing, no survival.
사람이 믿음이 없으면 서지 못한다.

35
Let truth reside in speech, and resolve in every act.
말에는 신의가 있어야 하고 행동에는 결단이 있어야 한다.

36
**The gentleman does not recommend
a man on words alone.**
군자는 말만 듣고 사람을 등용하지 않는다.

37
**He who uses crafty words and manipulates his
expressions is seldom virtuous.**
말이 교묘하고 얼굴빛을 꾸미는 자는 어진 사람이 드물다.

38
**The gentleman regards it as shameful
when his words surpass his conduct.**
군자는 말이 행동보다 앞서는 것을 부끄러워한다.

39
**In all discourse with others,
he spoke with unwavering sincerity.**
사람과 말할 때는 반드시 진심으로 하였다.

현명한 믿음이 필요한 순간

40
Where virtue dwells, quarrel finds no place.
군자는 다투는 일이 없다.

41
**The petty man seeks not to amend his wrongs,
but to embellish them.**
소인의 허물은 반드시 꾸며진다.

42
**The gentleman does not make companions of those
inferior to himself.**
자기보다 못한 자를 벗 삼지 않는다.

43
Frugality seldom leads to failure.
검소함으로 실패하는 사람은 드물다.

44
Without foresight, trouble draws near.
사람이 멀리 내다보는 생각이 없으면 반드시 가까운 근심이 생기게 된다.

Chapter 5

군자의 마음을 이어가는 지혜

The virtuous uphold justice; the petty chase gain.

군자는 의에 밝고 소인은 이익에 밝다.

- '군자'는 the noble로도 표현할 수 있지만 the noble에는 '귀족 계급'의 의미가 있어서 자칫 혼돈을 유발할 수 있으므로 the virtuous가 '군자'에 더 적합하다.
- '의에 밝다'라는 말은 의에 대해 잘 알고 분별할 줄 알며 실제로 실천하는 것까지 포함한 표현이다. uphold justice는 '적극적인 행동으로 정의를 지지하고 실현하다'라는 뜻으로 이를 표현하기에 적합하다.
- the petty는 '속 좁고 이기적이며 사소한 이익에 집착하는 소인배'를 의미하므로 '군자'와 대조되는 '소인'을 표현하는 데 적합하다.

The virtuous uphold justice; the petty chase gain.

uphold 법이나 원칙 또는 어떤 가치를 적극적으로 지지하거나 유지하고 보호하다　justice 정의, 법적 또는 도덕적 올바름　petty 사소한, 하찮은, 속 좁은, 이기적인 태도를 보이는, 편협한, 쪼잔한　chase 쫓다, 열정적 추구, 뭔가를 맹목적으로 조급하게 쫓다　gain 경제적 또는 물질적 이익

The virtuous are at peace; the ignoble, forever troubled.

군자는 마음이 너그럽고, 소인은 늘 근심에 싸여 있다.

- 'the+형용사'는 복수로 취급한다.
- the ignoble은 '고귀하지 않은 자들', '소인배', '도덕적으로 천박한 사람들'을 뜻하며 이 문장에서는 '소인'을 나타낸다.
- the ignoble are forever troubled에서 are를 생략하고 그 자리에 콤마(,)를 넣어서 문장을 간결하게 정리했다.

The virtuous are at peace; the ignoble, forever troubled.

the virtuous 덕 있는 사람들, 군자   at peace 어떤 외적 상황에도 불구하고 마음이 평온한 상태
ignoble 고귀하지 않은, 천한   forever 영원히, 끊임없이   troubled 불안한, 근심스러운

47

The virtuous hold themselves to account; the ignoble lay fault upon others.

군자는 모든 원인을 자신에게서 찾고, 소인은 남에게서 찾는다.

- hold someone to account는 '누군가를 책임으로 붙들어 두다'라는 의미로 '누군가에게 특정 행동이나 결과에 대해 책임을 묻다'라는 뜻이다. 이 문장에서는 someone 대신 oneself를 사용해 자신의 행동이나 결정에 스스로 책임을 지는 도덕적 책임감과 자기 성찰을 강조했다.
- the ignoble은 '도덕적으로 부끄러운 행동을 하는 사람들', '명예나 도덕성을 중시하지 않는 사람들'을 의미하며 논어에서의 '소인'을 표현하고 있다.
- lay fault upon others는 '잘못을 다른 사람들에게 올려놓는다'로 직역할 수 있다. 타인에게 잘못을 떠넘기는 비열함을 잘 전달하는 표현이다.

The virtuous hold themselves to account; the ignoble lay fault upon others.

hold 쥐다, 붙들다   account 특정 행위나 결과에 대한 책임   fault 잘못   lay upon 올려놓는다

48

Alliance cannot endure where principles diverge.

길이 다르면 서로 도모할 수 없다.

- alliance는 정치적 동맹은 물론이고 인간관계에서의 결합에도 쓰인다. cannot endure는 '버티고 지속할 수 없다' 즉, '붕괴한다'라고 해석할 수 있어 논어에서 말하는 '서로 도모할 수 없다'를 의미한다.
- 접속사 where는 보통 '어떤 장소에'라는 뜻이지만 '~의 상황에서', '~한 경우에' 등으로도 사용한다. 이 문장에서 where principles diverge는 '원칙이 갈라지는 상황에서는'이라는 뜻으로 논어에서 말하는 '길이 다르면'을 표현한다.

Alliance cannot endure where principles diverge.

alliance 동맹, 연합, 깊은 결속, 공통의 목적을 위한 결합   endure 참다, 견디다, 지속되다
principle 원칙, 신조, 행동의 기준이 되는 근본이념   diverge 갈라지다, 갈리다

49

The gentleman is not confined to a single function.

군자는 한 가지 용도에만 쓰이는 그릇이 아니다.

- 동사 confine의 어원을 보면 con-(=together)+fine(=boundary) 즉, '경계 안에 두다'라는 의미가 있으며 여기에서 '한정하다', '제한하다'라는 뜻이 파생되었다. 따라서 is not confined는 '갇혀 있지 않다', '한정되지 않는다'라고 해석할 수 있다. 이 문장에서는 군자의 삶이나 역할이 특정한 분야에 갇혀 있지 않음을 말한다.
- single은 단어의 의미상 제한성을 가진다. 따라서 a single function이라고 하면 '단일한 역할', 또는 '단일한 기능'이라는 뜻이 된다. 결국, the gentleman is not confined to a single function은 "군자는 단 하나의 역할에 갇혀 있지 않다."라고 해석할 수 있으며 이는 논어의 내용을 세련되게 전달하고 있다.

The gentleman is not confined to a single function.

confine 한정하다, 제한하다   single 유일한   function 기능, 역할

To hear disputes, I am no different from others; yet what truly matters is to prevent disputes from arising.

분쟁을 듣는 일은 나도 남과 다르지 않다. 다만, 다툼이 없게 함이 중요하다.

- dispute는 도덕적 분쟁과 감정적 분쟁을 모두 포함하는 단어이다.
- to hear disputes에서 to 부정사는 부사적 용법으로 '미래'와 '조건'의 의미가 있다. '분쟁을 듣는 일에 있어서'라고 해석하며 여기에서 '분쟁을 듣는 일'이란 '분쟁을 듣고 난 후 판결하거나 조정한다'라는 의미이다.
- I am no different from others는 "나는 남들과 전혀 다르지 않다."라는 뜻으로 I am not different from others라고도 쓸 수 있으나, not 대신에 no를 사용해 더 격식 있는 문어체가 되었다.
- what truly matters는 '정말 중요한 것은'으로 해석한다.
- to prevent는 부사사 형태로 '미래'의 의미가 있다. 따라서 to prevent disputes from arising은 '분쟁이 일어나는 것을 막다'라는 뜻으로 논어에서 말하는 '다툼이 없게 하다'를 적절하게 표현하고 있다.

To hear disputes, I am no different from others; yet what truly matters is to prevent disputes from arising.

---

dispute 분쟁   **yet** 다만, 그러나   **matter** 중요하다   **truly** 진정으로   **prevent** 막다, 예방하다   **arise** 발생하다

The virtuous bow to neither hunger nor comfort.

군자는 배부름을 구하지 않고 편안함을 구하지 않는다.

- 이 문장에서 bow to는 '외부의 유혹에 흔들리고 자신의 도덕적 기준을 지키지 못하다'라는 뜻으로, 격조 있는 표현이기에 고전 문학에서도 자주 등장한다.
- neither A nor B 형태는 고전적인 분위기를 살리기에 적절한 표현이다.
- 논어에서 말하는 '배부름을 구하지 않고' 부분은 '배고픔에 굴복하지 않고'로, '편안함을 찾지 않는다' 부분은 '편안함에 굴복하지 않는다'로 표현했다.

The virtuous bow to neither hunger nor comfort.

bow to ~에게 고개 숙이다, 굴복하다   **neither A nor B** A와 B 둘 다 아닌   **hunger** 배고픔, 풍족함에 대한 갈망, 육체적 욕구   **comfort** 편안함, 안락함, 사치스러움

52

A gentleman without gravity commands no respect, and his learning lacks foundation.

군자가 무게가 없으면 위엄이 서지 않고, 학문도 견고하지 않다.

- a gentleman은 '군자'를 뜻하는 말로 군자 자체를 말할 때는 the gentleman, 군자의 부류 중 한 사람을 말할 때는 a gentleman을 쓴다. 이 문장에서는 without gravity에 해당하는 군자를 지칭해 the가 아닌 a를 사용했다. 결국 a gentleman without gravity는 '무게감 없는 군자', '경박한 군자' 등을 뜻한다.
- command no respect는 '존경이나 위엄을 끌어내지 못한다'라는 뜻으로 논어에서 말하는 '위엄이 서지 않고'를 표현한다.
- his learning은 단순히 '그의 학습', '그의 지식'을 지칭하는 것이 아니라 '그가 익힌 학문 전체'를 뜻하며 his learning lacks foundation은 "그의 학문은 기초가 부족하다.", "그의 학문은 뿌리가 약해서 쉽게 흔들린다."로 해석할 수 있다.

A gentleman without gravity commands no respect,
and his learning lacks foundation.

gravity 엄숙함, 무게감, 품격, 중후함   command 지휘하다, 얻다, 이끌어내다   respect 존경, 위엄   lack ~이 부족하다   his learning 그가 익힌 학문 전체   foundation 기초, 기반

53

The presence of a virtuous man refines any place.

군자가 거주하는데, 어찌 누추함이 있으랴.

- 이 문장에서 refine은 어떤 것을 보다 고상하고 품위 있게 만든다는 의미가 있어 any place와 연결했을 때 '그것이 누추하든 보잘것없든 또는 평범하든 군자의 존재가 그 장소를 품위 있고 고상하게 만든다'라는 의미가 된다.

The presence of a virtuous man refines any place.

presence 존재   a virtuous man 군자, 도덕적으로 올바르고 바른 인격을 갖춘 사람   refine 정제하다, 개선하다, 품격을 높이다

54

In his dealings with the world, the gentleman is neither biased nor dismissive, but ever guided by what is right.

군자는 천하를 대함에 있어 치우침도 없고 배척도 없으며 오직 의에 따를 뿐이다.

- dealings with the world는 '세상과의 관계'를 의미하며 '인간관계', '통치' 등 여러 개념을 포괄한다. 결국 in his dealing with the world는 '세상과의 다양한 관계에 있어서', '세상과 다양한 관계를 이어갈 때'로 해석할 수 있다.
- neither A nor B 형태는 단정적이고 단호한 어투의 문어체 표현이다.
- 부사 ever는 의미를 강조할 때 자주 사용되며 여기에서는 군자의 일관된 자세를 강조한다.
- ever guided by what is right는 '언제나 한결같이 의로운 것에 인도된다'라는 뜻으로 '오직 의를 따를 뿐이다'라는 뜻을 전달한다.

In his dealings with the world, the gentleman is neither biased nor dismissive, but ever guided by what is right.

---

in ~에 있어서, ~일 때, ~의 안에서　**dealings** 관계　**neither A nor B** A도 B도 모두 아닌　**biased** 어느 한 쪽으로 치우쳐 편파적인, 비뚤어진, 방향이 기울어진　**dismissive** 타인을 하찮게 여기고 무시하거나 경멸하는　**ever** 항상, 언제나　**guided by** ~에 의해서 안내되는, ~에 의해서 인도되는　**what is right** 도덕적으로 옳고 정당하며 의로운 것

Acting out of self-interest often generates considerable discontent.

이익에 따라 행동하면 원망이 많다.

- out of self-interest는 '자신의 이익으로부터'로 직역할 수 있으며 '자신의 이익 때문에', '자신의 이득을 위해'로 의역한다. acting out of self-interest는 자신의 이익을 최우선으로 두는 이기적이고 자기중심적인 행동을 의미한다.
- provoke가 '즉각적이고 강렬한 반응'이라면 generate는 '서서히 형성되는 점진적인 반응'을 의미한다. discontent는 '감정적으로 과하지 않은 지속적인 불만이나 불평, 원망'을 뜻하기에 서서히 축적되는 뉘앙스의 generate와 더 잘 어울린다.

Acting out of self-interest often generates considerable discontent.

---

acting 행동, 행위   **often** 종종, 자주   **generate** 어떤 상태나 반응을 발생시키다, 조성하다
discontent 불만   **considerable** 상당한, 꽤 많은

45
The virtuous uphold justice; the petty chase gain.
군자는 의에 밝고 소인은 이익에 밝다.

46
The virtuous are at peace; the ignoble, forever troubled.
군자는 마음이 너그럽고, 소인은 늘 근심에 싸여 있다.

47
**The virtuous hold themselves to account;
the ignoble lay fault upon others.**
군자는 모든 원인을 자신에게서 찾고, 소인은 남에게서 찾는다.

48
Alliance cannot endure where principles diverge.
길이 다르면 서로 도모할 수 없다.

49
The gentleman is not confined to a single function.
군자는 한 가지 용도에만 쓰이는 그릇이 아니다.

50
**To hear disputes, I am no different from others;
yet what truly matters is to prevent disputes from arising.**
분쟁을 듣는 일은 나도 남과 다르지 않다. 다만, 다툼이 없게 함이 중요하다.

51
The virtuous bow to neither hunger nor comfort.
군자는 배부름을 구하지 않고 편안함을 구하지 않는다.

52
A gentleman without gravity commands no respect, and his learning lacks foundation.
군자가 무게가 없으면 위엄이 서지 않고, 학문도 견고하지 않다.

53
The presence of a virtuous man refines any place.
군자가 거주하는데, 어찌 누추함이 있으랴.

54
In his dealings with the world, the gentleman is neither biased nor dismissive, but ever guided by what is right.
군자는 천하를 대함에 있어 치우침도 없고 배척도 없으며 오직 의에 따를 뿐이다.

55
Acting out of self-interest often generates considerable discontent.
이익에 따라 행동하면 원망이 많다.

군자의 마음을 이어가는 지혜

Chapter 6

덕으로 다스리는 올곧은 길

56

If a sovereign governs with propriety, the subjects serve with unwavering loyalty.

군주는 신하를 예로 부리고 신하는 군주를 충으로 섬긴다.

- sovereign은 절대성과 정당성을 가진 공적인 권위를 뜻하는 격식 있는 명사이다. 반면 ruler는 더 일반적인 단어로 '통치자', '지배자', '군주', '독재자', '정치 지도자' 등의 의미가 있으며 sovereign보다는 격식을 덜 갖춘 표현이다.
- govern은 '합법적이며 체계적인 통치'를 의미하는 반면, 같은 뜻의 rule은 '법이나 체계에 의존하지 않고 절대 권력으로 다스리다'라는 뉘앙스를 띤다. 따라서 '신하를 예로 부리다'라는 말에는 govern이 더 적절하다.
- with propriety는 '정해진 규범이나 관습, 예의에 맞게'를, with unwavering loyalty는 '흔들리지 않는 확고한 충성으로'를 의미한다.

If a sovereign governs with propriety, the subjects serve with unwavering loyalty.

sovereign 군주제에서의 왕이나 여왕, 황제　govern 통치하다, 지배하다　propriety 행동의 도덕적 또는 사회적 적절성　subject 군주의 지배를 받는 백성이나 신하　serve 섬기다, 통치자나 조직을 위해서 헌신적으로 일하다　unwavering 의지나 신념이 흔들리지 않고 확고한　loyalty 충성, 국가나 조직 또는 사람을 향한 헌신적인 태도

The virtuous lead with moral force.

군자는 덕으로 정치를 한다.

- the virtuous는 '덕 있는 사람'이라는 뜻으로 군자를 표현하는 대표적인 말이다. virtuous men이라는 표현을 떠올릴 수도 있으나 이는 '덕 있는 사람들'이라는 구체적인 집단을 의미하며 the virtuous는 보편적인 '군자'의 정의에 해당한다.
- '정치하다'라는 말은 일반적으로 rule이나 govern을 사용해 표현하지만 lead를 사용하면 '도덕적으로 이끄는 정치를 한다'라는 의미를 전달할 수 있다.
- with moral force는 '도덕적 힘으로'를 뜻하므로 논어에서 말하는 '덕으로'의 의미를 전달하기에 적합하다.

The virtuous lead with moral force.

moral force 도덕적 힘, 도덕적 권위, 인격에서 우러나오는 힘

58

A nation cannot stand when it is bereft of the people's trust.

백성의 신의를 잃으면 나라는 설 수 없다.

- can't와 cannot은 비슷한 표현이지만 can't는 구어체에 해당하고 cannot은 격식을 갖춘 강한 어조의 문어체에 해당한다. 따라서 a nation cannot stand는 '국가 자체가 제대로 존립할 수 없다'라는 강력한 메시지를 나타낸다.
- bereft는 보통 전치사 of와 함께 bereft of 형태로 사용한다. 격조 있는 문어체 어휘이며 깊은 상실감을 나타낸다.

덕으로 다스리는 올곧은 길

A nation cannot stand when it is bereft of the people's trust.

a nation 국가 전체   stand 서다, 존립하다, 버티다   bereft 빼앗긴, 상실한, 없는   the people 국민, 백성   trust 정치적 신뢰, 도덕적 신뢰

Worry not for position, but for foundation.

지위가 없음을 걱정하지 말고 설 수 있는 바탕이 없음을 걱정하라.

- 일반적으로는 do not worry for 형태를 쓰는 것이 보통이지만 고전에서는 worry not for 형태를 자주 사용한다.
- but for foundation은 but worry for foundation에서 worry를 생략한 문장이다.

Worry not for position, but for foundation.

worry not for ~을 걱정하지 말라   position 사회적 지위, 남이 인정하는 위치, 외적인 성과, 명예
foundation 토대, 기반, 기초

If one holds no office, one does not deliberate on its affairs.

자신의 자리에 있지 않으면 그 자리의 정사를 논하지 않는다.

- office에는 '책임을 맡은 위치'라는 뜻이 있어 if one holds no office는 '만일 누구든 책임을 맡은 위치에 있지 않으면'이라는 의미가 된다. 이는 논어에서의 '자신의 자리에 있지 않으면'을 표현하기에 적절하다.
- on은 '특정한 주제'를 말할 때 사용하므로 one does not deliberate on its affairs는 '그 자리의 정사에 대해서 논하지 않는다'라고 해석한다.

If one holds no office, one does not deliberate on its affairs.

one 보편적인 인간   hold 직책이나 지위를 맡다, 차지하다   office 공적인 직책, 관직, 직위   deliberate 숙고하다, 심사숙고하며 논의하다   affairs 정책, 책임

To send the people into battle untrained is, in truth, to abandon them.

백성을 가르치지 않고 전쟁에 내보내는 것은 그들을 버리는 일이다.

- 이 문장에서 the people은 '백성'을 뜻한다. 즉, send the people into battle은 '백성을 전쟁터에 보내다'라는 의미이다. 만약 people 앞에 untrained를 넣어 send the untrained people이라고 쓰면 '훈련되지 않은 백성'이라는 뜻이 되어 백성의 범위를 제한하게 되는데, 이는 논어의 뜻을 충분히 설명하지 못한다. send the people untrained 라고 써야 '백성을 보내는데 훈련도 시키지 않고'라는 의미를 정확하게 표현할 수 있다.
- 이 문장에서는 to 부정사가 주어로 쓰였으며 in truth, to abandon them의 to abandon 역시 to 부정사로 주격 보어의 역할을 한다. 전체 문장은 "백성들을 훈련하지도 않은 채 전쟁터에 보내는 것은 사실 그들을 버리는 행위이다."로 해석한다.

To send the people into battle untrained is, in truth, to abandon them.

in truth 실로, 진실로   **abandon** 지키고 보살필 책임이 있는 누군가를 버리거나 포기하다

62

Riches and honours obtained without righteousness are to me as floating clouds.

불의하게 얻은 부귀는 내게 있어 뜬구름과 같을 뿐이다.

- rich는 형용사이지만 riches처럼 복수 명사로 사용하면 '부'나 '재물'을 의미하는 단어가 된다. honours는 사회적 영예나 지위를 뜻하는 영국식 단어로 고전적이며 품위 있는 표현이다. 이 문장에서는 '부귀'라는 단어를 riches and honours로 격조 있게 표현하고 있다.
- obtained는 '얻다'를 의미하는 obtain의 과거 분사형 형용사로 obtained without righteousness는 '불의로 얻어진'이라는 뜻이다.
- '내게는'을 의미하는 to me는 '~와 같다'라는 뜻인 like나 as와 함께 사용할 수 있는데, like는 구어에서 as는 문어에서 자주 사용하므로 여기서는 as가 더 적절하다.

Riches and honours obtained without righteousness are to me as floating clouds.

riches 부, 재물   honours 여러 형태의 공로에 따른 사회적 영예나 지위   righteousness 의로움
floating clouds 가볍게 떠도는 구름

63

The gentleman cultivates the root; once it is firmly set, the Way reveals itself.

군자는 근본에 힘쓰니 근본이 서면 도가 생긴다.

- gentle의 어원적 의미는 '귀족 출신'이다. 그래서 gentleman을 흔히 '품격 있고 덕성 있는 사람'으로 인식한다. the gentleman은 '도덕적 교양과 내면의 절도를 갖춘 자'라는 뜻으로 발전해 '군자'의 의미로 사용되었다.
- 이 문장에서 cultivate는 물리적으로 땅을 일구는 행위가 아니라 정신과 덕성, 지식 등의 수준을 높이는 일을 의미하며 root 역시 철학적 맥락에서의 근본, 기초, 본질 등을 뜻한다. 따라서 cultivates the root는 논어에서 말하는 '근본에 힘쓰니'라는 부분을 감각적이고 무게감 있게 표현하고 있다.
- once it is firmly set는 '근본이 확고히 잡히면', '근본이 제대로 서면'이라고 해석한다.
- reveal oneself는 '자기 자신을 드러내다' 즉, 타인의 강요 때문이 아니라 스스로 모습을 드러낸다는 의미를 담고 있다. 논어에서 말하는 '근본이 서면 도가 생긴다'라는 말은 '도가 자연히 드러난다'라는 의미이므로 the Way reveals itself라는 표현이 매우 적절하다.

The gentleman cultivates the root; once it is firmly set, the Way reveals itself.

gentleman 군자 cultivate 경작하다, 가꾸다, 정신력·덕성·지식 등의 수준을 높이다 root 뿌리, 근본, 기초, 본질 once 일단 ~하면 곧 firmly set 단단히 자리 잡은 상태 the Way 인간이 따르는 길, 도

64

At fifteen, I set my heart on learning; at thirty, I stood firm; at forty, I had no doubts.

나는 열다섯에 학문에 뜻을 두었고, 서른에 자립하였으며, 마흔에는 의혹이 없었다.

- 이 문장에서 learning은 단순한 '학습'이 아니라 '도덕적 수양과 진리 탐구'를 의미한다.
- 이 문장에서 stand firm은 '도덕적 자립' 즉, '스스로 옳고 그름을 분별하고 책임질 수 있는 위치에 곧게 서다'라는 뜻이다.
- I had no doubts는 '인생의 방향이나 가치관에 대한 혼란이나 동요가 전혀 없다'라는 의미로 쓰였다.

At fifteen, I set my heart on learning; at thirty, I stood firm; at forty, I had no doubts.

---

at fifteen 열다섯 살에　**set my heart on** 내 마음을 ~에 두다, ~에 진심으로 전념하다　**learning** 학습, 학식, 도덕적 수양과 진리 탐구　**at thirty** 서른 살에　**stand firm** 흔들림 없이 곧게 서다　**at forty** 마흔 살에　**have no doubts** 의심이 없다, 의혹이 없다

65

At fifty, I knew Heaven's will; at sixty, I heard with ease; at seventy, I followed my heart without crossing the line.

오십에 천명을 알았고, 육십에 들음이 거슬림이 없었으며
칠십에는 뜻대로 행하여도 법도에 어긋남이 없었다.

- Heaven's will은 '하늘의 뜻', '섭리' 등을 뜻하며 중국 고전 사상에서 말하는 '천명'에 해당한다.
- heard with ease는 '쉽게 들었다'라는 뜻으로 귀가 밝다는 얘기가 아니라 '남의 말을 거슬림 없이 받아들이게 되었다'라는 의미이다. 다시 말해, 타인의 비판이나 충고, 나와는 다른 견해를 자연스럽고 편안하게 받아들이게 되었다는 뜻이다.
- I followed my heart without crossing the line은 "나는 본성 그대로를 따르되 도리를 절대 어기지 않았다."라는 의미이다.

At fifty, I knew Heaven's will; at sixty, I heard with ease; at seventy, I followed my heart without crossing the line.

at fifty 쉰 살에   **know** 깨닫다   **at sixty** 예순 살에   **with ease** 쉽게   **at seventy** 일흔 살에   **follow my heart** 마음 가는 대로 따르다, 자신의 본성대로 행동하다   **without crossing the line** 선을 넘어서지 않고

66

To sin against Heaven is beyond pardon.

하늘에 죄를 지으면 아무 데도 빌 곳이 없다.

- to 부정사를 주어로 사용해 하나의 명제라는 점을 드러내면서 단호한 어투와 고풍스러운 어감을 강조했다. to 부정사에는 '조건'과 '미래'의 의미가 포함되어 있다는 사실도 잊어서는 안 된다.
- Heaven은 단순한 '천국'을 일컫는 것이 아니라 '도덕적 절대 기준'을 의미한다. to sin against Heaven은 '하늘을 거스르는 죄를 짓는 것은', '도덕적 절대 기준에 역행하는 죄를 지으면' 등으로 해석할 수 있다.
- beyond pardon은 '용서를 초월한' 즉, 용서를 받을 수 없음을 뜻한다.

To sin against Heaven is beyond pardon.

sin against ~을 거스르는 죄를 짓다   Heaven 하늘, 천국   beyond ~을 초월한, ~을 넘어선
pardon 용서

56
If a sovereign governs with propriety, the subjects serve with unwavering loyalty.
군주는 신하를 예로 부리고 신하는 군주를 충으로 섬긴다.

57
The virtuous lead with moral force.
군자는 덕으로 정치를 한다.

58
A nation cannot stand when it is bereft of the people's trust.
백성의 신의를 잃으면 나라는 설 수 없다.

59
Worry not for position, but for foundation.
지위가 없음을 걱정하지 말고 설 수 있는 바탕이 없음을 걱정하라.

60
If one holds no office, one does not deliberate on its affairs.
자신의 자리에 있지 않으면 그 자리의 정사를 논하지 않는다.

61
To send the people into battle untrained is, in truth, to abandon them.
백성을 가르치지 않고 전쟁에 내보내는 것은 그들을 버리는 일이다.

62

**Riches and honours obtained without righteousness are
to me as floating clouds.**

불의하게 얻은 부귀는 내게 있어 뜬구름과 같을 뿐이다.

63

**The gentleman cultivates the root;
once it is firmly set, the Way reveals itself.**

군자는 근본에 힘쓰니 근본이 서면 도가 생긴다.

64

**At fifteen, I set my heart on learning;
at thirty, I stood firm; at forty, I had no doubts.**

나는 열다섯에 학문에 뜻을 두었고, 서른에 자립하였으며, 마흔에는 의혹이 없었다.

65

**At fifty, I knew Heaven's will; at sixty, I heard with ease;
at seventy, I followed my heart without crossing the line.**

오십에 천명을 알았고, 육십에 들음이 거슬림이 없었으며
칠십에는 뜻대로 행하여도 법도에 어긋남이 없었다.

66

To sin against Heaven is beyond pardon.

하늘에 죄를 지으면 아무 데도 빌 곳이 없다.

덕으로 다스리는 올곧은 길

Chapter 7

찬찬히 나를 갈고닦는 시간

67

Life is not to be swayed—it is a path of uprightness.

인생은 곧은 것이다.

- not to be swayed는 흔들림 없는 삶의 자세와 신념을 강조하는 표현이다. to 부정사는 '미래'의 의미가 있으므로 life is not to be swayed는 "인생은 어떤 경우에도 외부 요인에 의해 흔들려서는 안 된다."라고 해석할 수 있다.
- 이 문장에서 uprightness는 '도덕적으로 강직함', '청렴함' 등을 의미한다. 따라서 a path of uprightness는 '강직하고 곧은 길', '흔들리지 않는 정직한 삶'을 뜻한다.
- 대시(—)로 두 문장을 연결해 대시 뒤 문장의 의미를 더 강조했다.

Life is not to be swayed—it is a path of uprightness.

sway 흔들다, 흔들리다   uprightness 곧음, 강직함, 청렴함

68

Set an example through your actions and inspire others to emulate it.

자신이 먼저 행하면 이후에 따른다.

- set an example은 일반적인 경우뿐 아니라 격식을 갖춘 문장에서도 흔히 사용하는 표현으로 set an example through your actions는 "자신의 행동으로 모범을 보이다."라는 뜻이다.
- inspire others는 '다른 사람들의 행동에 동기를 부여하고 자극하다'라는 의미이다.
- emulate는 단순히 흉내 내거나 따라 하는 것이 아니라 '존경하는 대상의 행동을 따라 하면서 그와 동등해지거나 더 나아지려고 노력하다'라는 뜻으로, 단순히 '흉내 내다'라는 의미인 imitate와 차이가 있다.

Set an example through your actions and inspire others to emulate it.

set an example 본보기를 보이다, 모범을 보이다　inspire 동기를 부여하다, 자극하다　emulate 모방하다

69

Failing to act upon what is morally right amounts to a deficiency of moral courage.

의로운 일을 보고도 행하지 않는 것은 용기가 없는 것이다.

- fail to는 능력이 없거나 소극적인 태도 때문에 책임을 다하지 못하는 경우를 말한다.
- 동명사로 시작하는 주어인 failing to act upon what is morally right는 '윤리적, 도덕적 기준으로 보았을 때 옳은 것을 행하지 못하는 것'이라는 뜻으로 논어의 '의로운 일을 보고도 행하지 않는 것' 부분을 표현한다.
- 명사 amount는 amount to의 형태로 쓰이면 '총액이 ~에 이르다'라는 의미가 된다. 여기에서 '결국 ~이 되다', '어떤 행동이나 결정의 결과가 결국 ~이 되다'라는 뜻이 파생되었다.
- lack이 일반적인 상황에서 사용된다면 deficiency는 격식 있고 학문적인 분위기를 표현할 때 사용된다. amounts to a deficiency of moral courage는 '결국 도덕적 용기의 결핍에 이르다'라고 해석한다.

Failing to act upon what is morally right amounts to a deficiency of moral courage.

fail to ~하지 못하다   act upon ~에 따라 행동하다, ~을 실행하다   amount 총액   deficiency 부족, 결핍   moral courage 도덕적 용기, 윤리적 또는 도덕적 원칙을 지키기 위한 용기

When the past is relinquished, resentment loses its hold.

지난 허물을 기억하지 않으면 원망이 적어진다.

- past는 '감정적, 심리적으로 영향을 미치는 과거의 상처나 후회, 기억'을 포괄하는 단어이다. relinquish는 '의식적인 포기', 즉, '의식적으로 놓아주거나 내려놓다'라는 의미를 포함하고 있어 스스로 선택했다는 점을 강조한다. 따라서 when the past is relinquished는 논어에서 말하는 '지난 허물을 기억하지 않으면'을 자연스럽게 표현하고 있다.
- resentment는 re-(=again)+-sent(=to feel) 즉, '다시 느끼다'라는 어원적 뜻이 있어 '과거의 상처나 분노를 되새기며 계속 느낀다'라는 의미를 내포한다.
- lose one's hold는 직역하면 '손에 쥐고 있는 것을 놓다'라는 뜻이지만 주어가 사람이 아니라 resentment이므로 '원망이 내 마음을 단단히 쥐고 있다가 사라지다', 다시 말해 '원망이 드물다'라는 뜻을 나타낸다.

When the past is relinquished, resentment loses its hold.

past 과거   relinquish 포기하다, 내려놓다   resentment 원망, 분노, 적개심

Impose no burden you would not shoulder yourself.

자신이 하고 싶지 않은 일을 남에게 시키지 마라.

- you would not에는 '조건적 가정'의 의미가 포함되어 있어서 '~하지 않을 거라면'이라는 뜻이 있다. 따라서 you would not shoulder yourself는 '스스로 책임지고 감당하지 않을 거라면'이라고 해석한다.

Impose no burden you would not shoulder yourself.

impose 책임이나 부담을 남에게 억지로 지우다 burden 물리적인 짐, 심리적 또는 도덕적인 부담감 shoulder 책임을 지거나 힘든 일을 감내하다 yourself 스스로, 직접

72

Guiltless within, fearless without.

스스로를 돌아보아 부끄럼이 없다면 무엇을 걱정하고 두려워하겠는가.

- 논어에서 말하는 "스스로를 돌아보아 부끄럼이 없다."를 guiltless within으로 간결하게 표현했다.
- fearless without은 '세상 밖의 일들에 두려움이 없다'라는 의미로 논어의 "무엇을 걱정하고 두려워하겠는가."라는 부분을 함축적으로 표현했다.

Guiltless within, fearless without.

guiltless 마음속에 죄가 없는, 양심에 거리낌 없는   within 내면에, 마음속에   fearless 두려움이 없는   without 외부에, 세상밖에

To err and to repent not—that is the greater fault.

잘못을 하고도 고치지 않는 것이 진정한 잘못이다.

- 이 문장에서 동사 err는 '도덕적 잘못을 저지르다'라는 뜻으로 부정사를 주어로 활용해 고전적 느낌을 살렸다.
- to repent not보다 not to repent로 쓰는 것이 일반적이지만 고전에서는 to repent not으로 자주 표현한다. 논어의 '고치지 않는 것'을 '뉘우치거나 회개하지 않는 것'으로 의역했다.
- that is the greater fault에서 대명사 that은 to err and to repent not을 의미한다. 따라서 "그것이 더 큰 인격적 결함이자 잘못이다."라고 해석하며 논어의 '진정한 잘못이다'라는 의미를 강조한다.

To err and to repent not—that is the greater fault.

err 실수나 잘못을 저지르다　repent 뉘우치거나 회개하다　fault 잘못, 도덕적 잘못을 저지르고 그것을 고치지 않는 인격의 결함

74

Wisdom dispels doubt, benevolence quiets sorrow, and courage conquers fear.

지혜로운 자는 의심하지 않고, 어진 자는 근심하지 않으며,
용감한 자는 두려워하지 않는다.

- wisdom dispels doubt는 '지혜는 의심을 몰아낸다'라는 뜻으로 논어의 '지혜로운 자는 의심하지 않고'라는 말을 표현했다.
- benevolence quiets sorrow는 '어진 마음은 슬픔이나 근심을 잠재운다'라고 해석한다. 논어에서 말하는 '어진 자는 근심하지 않으며' 부분을 추상 명사를 주어로 써서 하나의 명제나 진리처럼 묘사했다.
- courage conquers fear는 '용기가 두려움을 제압한다'라는 의미로 역시나 추상 명사를 사용해 명제나 진리처럼 바꾸어 표현했다.

Wisdom dispels doubt, benevolence quiets sorrow,

and courage conquers fear.

wisdom 지혜, 분별력과 통찰력으로 진리를 꿰뚫어 보는 안목 dispel 어둠이나 의심을 몰아내다 doubt 의심, 미혹 benevolence 자애, 어진 마음 quiet 잠재우다, 조용하게 하다, 가라앉히다 sorrow 슬픔, 근심 courage 용기, 의로움을 지키는 내면의 강인함 conquer 정복하다, 제압하다 fear 공포, 두려움

Tackle the difficult first; pursue the gain later.

어려움을 먼저 겪고 얻는 일은 나중 한다.

- tackle은 물리적 접촉뿐 아니라 '어려운 문제의 해결을 위해서 부딪친다'라는 의미도 포함한다.
- tackle the difficult는 '힘든 일에 물러서지 말고 적극적으로 부딪혀 해결하라'라는 뜻으로, 논어의 '어려움을 먼저 겪고'를 표현한다.
- 두 문장을 연결하는 세미콜론(;)은 마침표보다는 정도가 약하고 쉼표보다는 강한 문장 부호로, 접속사 and를 사용할 때보다 더 자연스럽게 문장을 이을 수 있다.

Tackle the difficult first; pursue the gain later.

tackle 적극적으로 뭔가와 부딪치다   the difficult 힘든 일, 어려운 일, 감당해야 할 고된 일   first 먼저   pursue 추구하다, 뭔가를 위해서 노력하다   the gain 이득   later 나중에

If, at forty, one still reveals moral flaws, the chances of reform are slim.

사람이 마흔이 되어도 악함이 남아 있다면 더는 고치기 어려울 것이다.

- one을 주어로 선택해 행동의 주체가 누구든 될 수 있다는 점을 암시한다.
- still reveal은 '여전히 드러내다'라는 뜻으로 '나이가 들어도 고쳐지지 않는다'라는 의미이다.
- 이 문장에서 vice나 evil처럼 강한 어휘를 사용하지 않은 이유는 논어에서 말하는 '악함'이 '도덕적 결함'을 뜻하기 때문이다. 결국 이 문장은 '만일 마흔이 되어도 우리에게 여전히 도덕적 결함이 드러난다면'으로 해석하고 '사람이 마흔이 되어도 악함이 남아 있다면'이라는 속뜻을 전달한다.
- 여기에서 reform은 '도덕적 결함의 교정', '인격적 변화' 등을 뜻한다. the chances of reform are slim은 "변화의 가능성은 희박하다."라는 뜻으로 "더는 고치기 어려울 것이다."라는 논어의 말을 표현한다.

If, at forty, one still reveals moral flaws, the chances of reform are slim.

at forty 마흔의 나이에   reveal 드러내다   moral flaws 도덕적 결함   chances 가능성   reform 개선   slim 희박한

Only in winter's harshness do we perceive the steadfastness of pine and cypress.

세월이 추워진 뒤에야,
소나무와 잣나무가 마지막까지 시들지 않음을 알게 된다.

- only in winter's harshness는 '오직 겨울의 혹독함 안에서만'으로 직역하고 '삶의 시련을 통해서만'으로 의역한다. 고전적이며 격식을 잘 갖춘 표현이다.
- 앞에 전치사구가 등장하면서 do we perceive 형태의 도치 문장이 사용되었다.
- perceive는 직관적이고 내면적인 통찰을 포함하는 단어로 논어의 '알게 된다'라는 말을 정확하게 표현한다.
- 논어의 '시들지 않음'은 '변치 않는 절개'를 말하며 steadfastness는 소나무와 잣나무의 상징성을 품위 있게 표현한 단어이다.

Only in winter's harshness do we perceive the steadfastness of pine and cypress.

only in~ 오직 ~안에서만, 오직 ~일 때만   harshness 혹독함, 가혹함   perceive 깨닫다, 통찰하다
steadfastness 변치 않는 절개, 인내   pine 소나무   cypress 잣나무

67
Life is not to be swayed—it is a path of uprightness.
인생은 곧은 것이다.

68
**Set an example through your actions
and inspire others to emulate it.**
자신이 먼저 행하면 이후에 따른다.

69
**Failing to act upon what is morally right amounts
to a deficiency of moral courage.**
의로운 일을 보고도 행하지 않는 것은 용기가 없는 것이다.

70
When the past is relinquished, resentment loses its hold.
지난 허물을 기억하지 않으면 원망이 적어진다.

71
Impose no burden you would not shoulder yourself.
자신이 하고 싶지 않은 일을 남에게 시키지 마라.

72
Guiltless within, fearless without.
스스로를 돌아보아 부끄럼이 없다면 무엇을 걱정하고 두려워하겠는가.

73
To err and to repent not—that is the greater fault.
잘못을 하고도 고치지 않는 것이 진정한 잘못이다.

74
Wisdom dispels doubt, benevolence quiets sorrow, and courage conquers fear.
지혜로운 자는 의심하지 않고, 어진 자는 근심하지 않으며,
용감한 자는 두려워하지 않는다.

75
Tackle the difficult first; pursue the gain later.
어려움을 먼저 겪고 얻는 일은 나중 한다.

76
If, at forty, one still reveals moral flaws, the chances of reform are slim.
사람이 마흔이 되어도 악함이 남아 있다면 더는 고치기 어려울 것이다.

77
Only in winter's harshness do we perceive the steadfastness of pine and cypress.
세월이 추워진 뒤에야,
소나무와 잣나무가 마지막까지 시들지 않음을 알게 된다.

영어 필사, 마음을 다잡는 논어의 문장들

초판 1쇄 발행일 2025년 11월 25일

지은이 오석태
펴낸이 유성권

편집장 윤경선
책임편집 조아윤 **편집** 김효선
홍보 윤소담 **디자인** 박채원
마케팅 김선우 강성 최성환 박혜민 김현지
제작 장재균 **물류** 김성훈 강동훈

펴낸곳 ㈜이퍼블릭
출판등록 1970년 7월 28일, 제1-170호
주소 서울시 양천구 목동서로 211 범문빌딩 (07995)
대표전화 02-2653-5131 **팩스** 02-2653-2455
메일 loginbook@epublic.co.kr
블로그 blog.naver.com/epubliclogin
홈페이지 www.loginbook.com
인스타그램 @book_login

- 이 책은 저작권법으로 보호받는 저작물이므로 무단 전재와 복제를 금지하며, 이 책 내용의 전부 또는 일부를 이용하려면 반드시 저작권자와 ㈜이퍼블릭의 서면 동의를 받아야 합니다.
- 잘못된 책은 구입처에서 교환해 드립니다.
- 책값과 ISBN은 뒤표지에 있습니다.

로그인 은 ㈜이퍼블릭의 어학·자녀교육·실용 브랜드입니다.